Los imanes

Atraen y rechazan

por Natalie M. Rosinsky
ilustrado por Sheree Boyd
Traducción: Sol Robledo

Agradecemos a nuestros asesores por su pericia:

Asesor de contenido: Paul Ohmann, Ph.D., Profesor Adjunto de Física, University of St. Thomas, St. Paul, Minnesota

Asesora de lectura: Lauren A. Liang, M.A., Alfabetizadora, University of Minnesota, Minneapolis, Minnesota

PiCTURE WiNDOW BOOKS
Minneapolis, Minnesota

Redacción: Nadia Higgins
Diseño: Melissa Voda
Composición: The Design Lab
Las ilustraciones de este libro se crearon con medios digitales.
Traducción y composición: Spanish Educational Publishing, Ltd.
Coordinación de la edición en español: Jennifer Gillis/Haw River Editorial

PICTURE WINDOW BOOKS
5115 Excelsior Boulevard
Suite 232
Minneapolis, MN 55416
1-877-845-8392
www.picturewindowbooks.com

Impreso en los Estados Unidos de América.

Rosinsky, Natalie M. (Natalie Myra)
[Magnets. Spanish]
Los imanes : atraen y rechazan / por Natalie M. Rosinsky ; ilustrado
por Sheree Boyd ; traducción Sol Robledo.
p. cm. — (Ciencia asombrosa)
Includes index.
ISBN-13: 978-1-4048-3220-6 (library binding)
ISBN-10: 1-4048-3220-3 (library binding)
ISBN-13: 978-1-4048-2497-3 (paperback)
ISBN-10: 1-4048-2497-9 (paperback)
1. Magnets—Juvenile literature. 2. Magnetism—Juvenile literature.
I. Boyd, Sheree, ill. II. Title.
QC753.7.R6818 2007
538—dc22   2006034343

CONTENIDO

Los asombrosos imanes

Los imanes tienen el asombroso poder de mover las cosas. Si una cuerda tira y levanta algo, podemos ver cómo lo hace. En cambio, parece que los imanes mueven las cosas por arte de magia.

Mira cómo un clip
corre hacia un imán.
Parece que lo tira
una cuerda invisible.

Los imanes sólo atraen ciertos metales. Trata de mover una cuchara de acero o un clavo de hierro con un imán. Ahora haz lo mismo con un algodón, una pelota de goma o una pluma de plástico.

¿Cómo funcionan los imanes?

Los imanes sólo atraen las cosas que están cerca de ellos.

Pon un clip lejos de un imán. Acércalo poco a poco. ¿Cuánto lo tienes que acercar para que salte hacia el imán?

Los imanes pueden funcionar aunque estén cubiertos por algo delgado. Pon una hoja de papei sobre ei imán y pon un clip sobre la hoja. También puedes poner un pedazo de plástico o tu camisa sobre el imán. ¿Qué le pasa al clip?

Cuelga un clavo de hierro de un extremo del imán.
Ahora toca el clavo con un clip. Verás que el clip se
pega al clavo.

El clavo se convirtió en imán.
Cuando ciertos objetos de
metal tocan un imán o
están muy cerca de él
se imantan, es decir,
se convierten en
imanes.

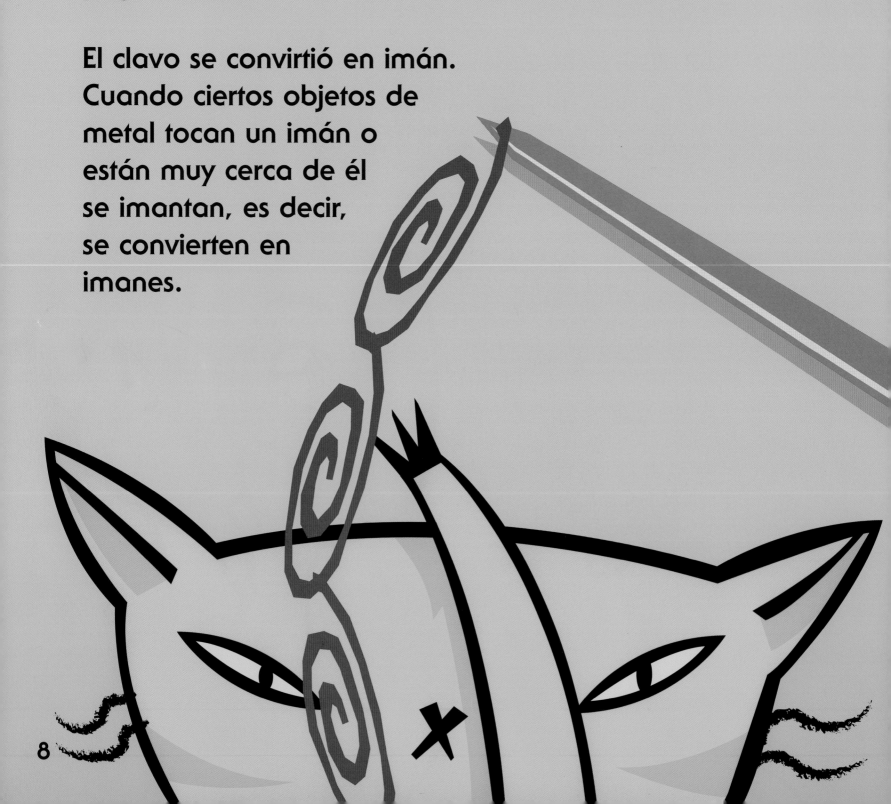

8

Ahora aleja el clavo del imán.
¿Sigue pegado el clip al clavo?

9

Si frotas una cuchara de acero con un imán,
verás que los extremos del imán la atraen.
Los extremos se llaman polos.

El imán tiene más fuerza en los dos polos.
Uno se llama el polo norte y el otro el polo sur.

Dato curioso: Si divides un imán, se forman
dos imanes. Cada una de las partes tiene
dos polos.

Los polos de un imán atraen y rechazan.

Los polos iguales se rechazan. El polo norte de un imán rechaza el polo norte de otro imán.

Dato curioso: En Japón, unos trenes de alta velocidad usan imanes muy fuertes. Los imanes del tren rechazan los imanes de las vías. Parece que el tren se desliza sobre un colchón de aire.

Los polos opuestos se atraen. El polo norte de un imán se pega al polo sur de otro imán.

Tierra magnética

La Tierra es un imán
gigante. Tiene dos polos,
como todos los imanes.
Los extremos magnéticos
de la Tierra están cerca
del polo Norte y del polo
Sur que vemos en los mapas.

S

N

polo
magnético

Sur

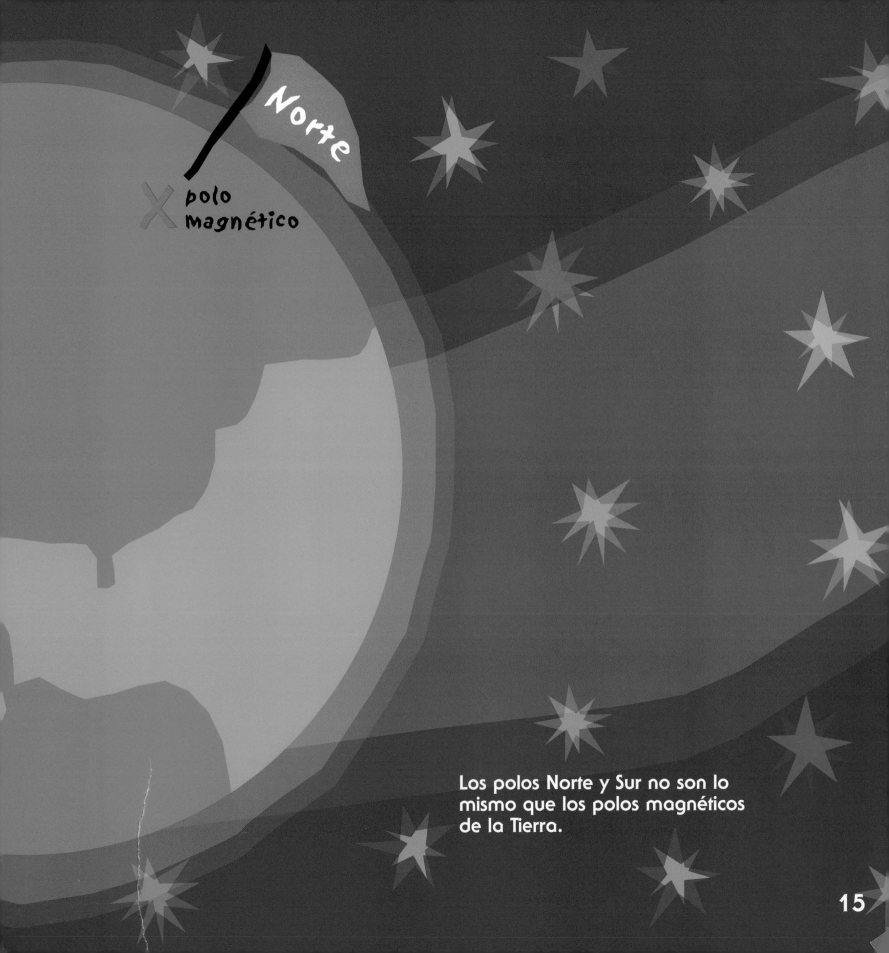

Norte

X polo
magnético

Los polos Norte y Sur no son lo
mismo que los polos magnéticos
de la Tierra.

¿Cómo funciona una brújula?

La fuerza magnética de la Tierra atrae otros imanes. La aguja de una brújula es un imán pequeñito. Siempre apunta en dirección norte-sur, hacia los polos magnéticos de la Tierra.

Dato curioso: La brújula no funciona muy cerca del polo Norte. La aguja apunta al polo magnético de la Tierra y, si está más allá, no apunta a ningún lado.

La brújula nos muestra en qué dirección vamos: norte, sur, este u oeste. Los marineros se orientaban con brújulas para navegar.

Imanes por todos lados

Algunas de las rocas de la Tierra tienen poderes magnéticos. Hace mucho tiempo, los griegos y los chinos descubrieron la roca magnetita.

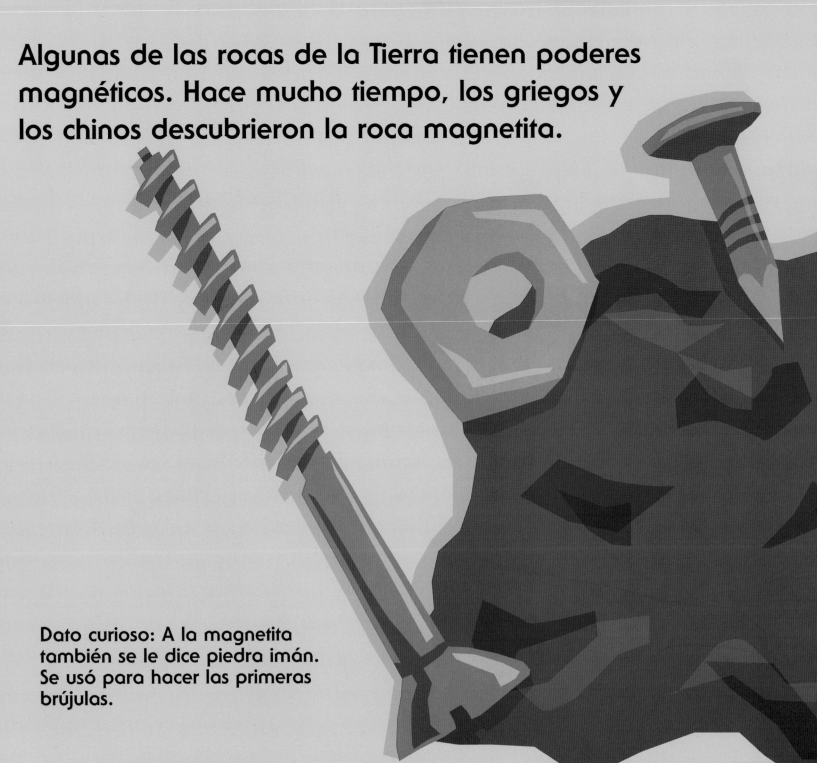

Dato curioso: A la magnetita también se le dice piedra imán. Se usó para hacer las primeras brújulas.

Los griegos se asombraron al ver que la magnetita
atraía piezas pequeñas de hierro. Los chinos
colgaban astillas de magnetita de una cuerda
y veían que se alineaban en dirección norte-sur.

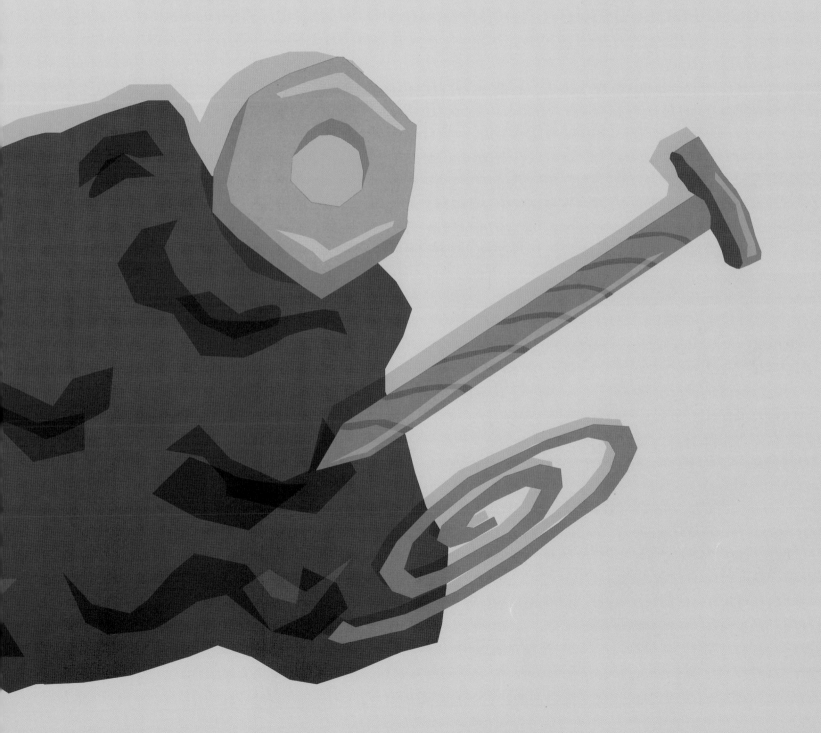

Ahora los ventiladores eléctricos giran, los refrigeradores zumban y las alarmas timbran porque tienen motores con imanes.

En los depósitos de chatarra, los trabajadores levantan toneladas de metal viejo con imanes gigantes. Esos imanes mueven los carros y los camiones como si fueran juguetes. Los médicos también usan equipo especial con imanes para ver dentro del cuerpo humano.

Los imanes nos atraen y nos rechazan por todas partes del mundo.

Experimentos

Busca los polos de un imán: Con la ayuda de un adulto, rompe una esponjilla de acero en pedacitos. (Ponte guantes si lo haces con las manos.) Ahora rocía los pedacitos alrededor de una barra imantada. ¿Hacia dónde se van? Ésos son los polos, es decir, las partes más fuertes del imán. Hazlo de nuevo. ¿Ves el mismo patrón?

Haz tu propia brújula: Pon una cuerda alrededor del centro de una barra imantada. Levanta la cuerda y deja que el imán cuelgue. ¿Ves que gira y apunta en una dirección? Un extremo apunta al polo Norte de la Tierra y el otro extremo apunta al polo Sur. Lleva la cuerda y el imán por todo el cuarto. Verás que sigue apuntando en la misma dirección.

Imanta un clavo: Frota un clavo de hierro con un imán unas 20 veces. Frótalo en la misma dirección todo el tiempo. Ahora el clavo es un imán. Lo puedes llevar por todo el cuarto. ¿Qué objetos se le pegan?

Haz un imán con electricidad: Algunos imanes se hacen con electricidad. Son útiles porque se pueden prender y apagar. Los usamos para hacer motores eléctricos que le dan energía a muchas cosas de la casa, como los ventiladores, las secadoras, los abrelatas y las aspiradoras.

Puedes hacer tu propio imán con electricidad. Aquí hay una actividad para que la hagas con tus compañeros o tu familia.

MATERIALES:

    un adulto para ayudarte

    una pila (puede ser AA, C o D)

    un alambre como de 1 pie (30 centímetros) de largo

    un clavo de hierro

    cinta adhesiva

Enrolla el alambre en el clavo unas 10 veces. Pega un extremo del alambre al lado positivo (+) de la pila. Ahora pega el otro extremo del alambre al lado negativo (-) de la pila. Ahora el clavo es un electroimán. Funciona como cualquier otro imán.

¿Qué le pasa al clavo cuando retiras el alambre de la pila? ¿Todavía es un imán?

A buscar tesoros: Con una brújula se puede organizar una gran aventura con la familia o los compañeros. Pídele a un adulto que esconda tesoros en un parque, en la escuela o en tu casa. Después te dará instrucciones para llegar a ellos; por ejemplo: "Camina 100 pasos al este y luego 25 al sur". La brújula te ayudará a decidir adónde ir. Recuerda que la brújula siempre apunta al norte, así que puedes descubrir los otros puntos cardinales fácilmente.

Glosario

atraer—acercar

brújula—instrumento que tiene un imán y nos ayuda a encontrar el camino. La aguja de una brújula apunta hacia el norte.

electroimán—imán que se hace con electricidad

imantar—convertir en imán

magnetita—roca magnética

polos—los dos puntos más fuertes de un imán. Los polos opuestos se atraen y los polos iguales se rechazan.

rechazar—alejar

En la red

FactHound ofrece un medio divertido y confiable de buscar portales de la red relacionados con este libro. Nuestros expertos investigan todos los portales que listamos en FactHound.

1. Visite *www.facthound.com*
2. Escriba una palabra relacionada con este libro o escriba este código: 140480014X
3. Oprima el botón FETCH IT.

¡FactHound, su buscador de confianza, le dará una lista de los mejores portales!

Aprende más

En la biblioteca

Borton, Paula y Cave, Vicky. *Pilas e imanes.* España: Susaeta, 1996.

Challoner, Jack. *Mi primer libro de pilas e imanes.* España: Molino, 1992.

Solano Flores, Guillermo. *Construye un imán.* México: Trillas, 1992.

Busca más libros de la serie Ciencia asombrosa:

El aire: Afuera, adentro y en todos lados
El agua: Arriba, abajo y en todos lados
El movimiento: Tira y empuja, rápido y despacio
El sonido: Fuerte, suave, alto y bajo
El suelo: Tierra y arena
La electricidad: Focos, pilas y chispas
La energía: Calor, luz y combustible
La luz: Sombras, espejos y arco iris
La materia: Mira, toca, prueba, huele
La temperatura: Caliente y frío
Las rocas: Duras, blandas, lisas y ásperas

Índice